Ricarda Huch

Viejos y nuevos poemas

Traducción de Roberto Vivero

Ápeiron Ediciones

Ricarda Huch

Viejos y nuevos poemas

Grodek

2025

1.ª edición, 2025

Edición original: Ricarda Huch,
Alte und neue Gedichte,
Insel-Verlag, Leipzig, 1920.

La edición de esta obra ha contado con el apoyo del Instituto Goethe

© De la traducción, Roberto Vivero
© Ápeiron Ediciones

C/ Príncipe de Vergara, n.º 132, planta 9
28002   Madrid
Tfno. (+34) 611 00 28 41
E-mail: info@apeironediciones.com
http://www.apeironediciones.com/

Diseño y maquetación: Ápeiron Ediciones
Imagen de portada: Ricarda Huch, grabado de Johann Lindner, 1904,
a partir de una fotografía del Atelier Elvira, 1901 [Fuente: Wikipedia]

Papel procedente de fuentes responsables

ISBN: 978-84-129660-6-0
Depósito legal: M-1063-2025

Viejos y nuevos

Poemas

El paraíso de los gatos

Querido gatito, muerto y enterrado,
¿con tus ojos dorados nunca más
me mirarás descarado y leal;
con la punta de tu cola ya no parafrasearás,
inteligente, los diálogos de nuestras almas?
Ah, seguro que el Día del Juicio
un angelito, con la trompeta
de plata más pequeña,
se parará en tu precioso túmulo engalanado
y tocará para ti de tal manera que creerás
que te llama el dulce miau de un amigo
o, por ejemplo, mi voz zalamera.
¡Sí, tu viejo pelo, mientras tanto,
se habrá sacudido, cepillado, lavado
y acomodado alrededor de tus huesecillos blancos!
¡Qué delicia será subir
por los esbeltos árboles del paraíso
cuyas flores azules y rojas sonarán
cuando tus patitas caminen por las ramas!
Pero, gatito, ya no te apetecerán,
como antes, los pájaros de colores
que se regocijan entre las luminosas hojas,
ni los redondos y suaves ratones
que en la tierra tan deliciosos te sabían,
y el perro, al que, valiente, bufaste,
será ahora tu camarada.
Incluso el odio, purificado, desaparece
y queda el amor. Te visitaré a menudo,
saldré, furtiva, del gran paraíso humano

para jugar contigo en la pradera
verde y sin segar.
Y cuando en el lejano estanque las felices ranas
croen sus coros transcendentes
y las estrellas bailen en el agua
tan hábilmente que ni un piececito se mojarán,
nosotros nos sumergiremos en los sueños.
¿Sabes qué? ¡Cuánto da que hacer la vida!
¡Lavarse a diario y mancharse de nuevo a diario!
¡Y el hambre! ¡Y la caza de ratones!
¡Rivalidades! ¡Celos!
¡Y la primavera! ¡Y los gatitos de primavera!
¿Recuerdas aquella vez? Cuatro negros,
solo uno con manchas blancas en las orejas y las patas.
Era marzo y soplaba el cálido viento del sur
y con la vista podías oler la tierra húmeda.
«Tenemos en casa cinco gatos de marzo»,
les dije a mi querido amigo mientras paseábamos.
«A cuatro los ahogamos, pero yo me quedé con uno,
lindo, con manchas blancas en las orejas y las patas,
y quiero ponerle tu nombre, el nombre
que tanto me gusta pronunciar».
Pero el quinto murió, el de las manchas blancas,
y no pude seguir llamándolo por el querido nombre.
¿Si lo hubiese llamado habría venido,
un gatito transfigurado y resucitado?
¿O habría respondido la voz
que mi corazón oyó aquel día de marzo?
¡Escucha! ¡Como entonces, querida, querida voz,
deja que te oiga solo una vez más,
voz alegre, con aroma de tierra,
acariciadora, llena de melodía!

Alrededor de mi niñez se alzaron tres dioses del destino
y cantaron una magnífica canción.
El blanco abedul, lleno de conjuros,
se inclinó sobre el arpa,
las vibrantes cuerdas, hacia arriba,
hacia abajo, emitían espectros,
risas de duendes, gimientes lágrimas
y por los placeres del pasado
solemnes lamentos.
Formaba el tilo una cúpula sublime
en cuyo interior flotaban
incienso y coros eternos;
para los pájaros, temerosos del crepúsculo,
el santo ancestral extendía el hogar
tarareando nanas.
Pero tú, álamo, con tu armadura,
balanceándote en lo alto,
tu fajín ondeaba en la tormenta
¡oh, caballeresco!,
en medio de las nubes cantabas, orgulloso, tu canción de espada
a las estrellas escondidas.

Harz

Donde el humo del mediodía brilla dulcemente
–en la ladera rosada
del bosque de dedaleras–
y juega la centelleante serpiente,
ahí está el paraíso.
La fresa se motea de rojo como la sangre.
En la hierba venenosa quedan rastros fabulosos
de unicornios o alces
y antiguos uros;
la miel canta en los cálices.
Alrededor de quejumbrosas campanadas
el aire se vitrifica.
¡Cuánto dura el día de hoy!
El sol del verano descansa al mediodía.

Verano

Me gusta escuchar el susurro de verano de mis árboles.
El ejército de hojas está al completo, no falta ni una.
Lucharon contra los elementos y vencieron;
ahora cantan el himno de la gloria.
Claros velos convertidos en oscuras armaduras,
en medio centellea, plateado como espada,
un tono broncíneo, guerrero, pero lleno de paz.
La batalla ha terminado: Señor Dios, te alabamos.

Solsticio

¡El sol vernal estaba lleno de brasas de amor!
¡Deliraba la tierra ebria de vino de estrellas!
Ahora cae la copa vacía en gris raudal.
La luz gotea como sangre de la desolada piedra de los sacrificios.

¡El trueno en su fragor dirigía la marcha hacia la batalla de los
                                                              [héroes!
¡Temerarios relámpagos se daban caza entre las nubes!
El héroe ha muerto. Su pira arde en la noche.
¡Ah, este deseo de extinguirse ardiendo con él, aún lustroso,
                                                              [aún joven!

En las montañas

Sobre un puente dorado flota la tarde estival
hacia la noche; ahora las vacas regresan a casa,
algunas están descansando junto a la fuente,
allí donde reposan el crepúsculo y el rielar de la luna.
La cabeza marrón parte el espejo rosado
mientras la montaña cae en las sombras.
Ahora se derrite también el sello de mi alma,
que se desborda en el mundo reconciliado.

Derramada, música,
sobre el mundo del regateo,
estremecedora, disuelves
finalmente nuestra apática
actividad de esclavos.
Respirando profundamente dentro de ti,
elemento marcial,
a través de espadas nos llevas,
moribundos inmortales,
ebrios de laureles y libres.

Viejas canciones

I

Decirte que te amo
es todo lo que sueño,
y entonces llegas, no lo digo
y así día tras día pierdo.

¿Qué me dirás
si te lo confieso,
y cuánto tiempo llevo soportando
felicidad y dolor?

Quería que escucharas
en silencio y hasta el final
mientras mis lágrimas corren
por tus manos.

Lo que he hecho y lo que he sido,
sin ocultarte nada;
entonces podría leer en tus ojos
mi felicidad o mi desdicha.

II

Deja que me arrodille a tus pies,
inclina tu rostro sobre mí,
derramarse quiere mi corazón
en tus manos para descansar.

Así como al plato de mármol
abraza, refrescándolo, una ola
hasta que con chorros recién surgidos
la desplaza el raudal de la fuente,

retenla durante unos felices minutos
y después derrámala sin pena,
deja que fluya mi vida
en la noche de la que procede.

A lo lejos se cubrió de tormenta
y ha huido la última luz.
¿Ves cómo tiemblan los abedules?
Así tiembla mi alma.

Ah, tu voz abanica de manera tan suave como las alas del vampiro soplan, frías, alrededor del durmiente al que le chupa la vida. Mientras mi confiado corazón se entrega a la melodiosa cuna que tu aliento mece, me bebes, hasta apurarla, el alma.

El ruiseñor y la rosa

Espinas, espinas tienes tú, pálida rosa,
sobre las que tu ruiseñor se desangra;
pues estas suertes os han sido destinadas:
a ti te cautiva la belleza, a ella la colma el amor.

Ilesa en el fuego de cantos que se derriten
brilla tu corona como diamantes;
anhelante por la recompensa negada
el pecho de canciones cae entre las espinas.

Dulcemente perece la flauta encantada.
Para que vuestros duros destinos se reconcilien,
rosa, brilla ahora con el púrpura
de su muerte de amor tu belleza.

La lámpara de mármol

Friso de mármol bellamente curvado,
que mi aliento aviva y mata,
que en mi llama dulcemente
como un pétalo de rosa se ruboriza,

el hechizo de la muerte, la augusta ventisca,
no ha de inflamar mi llama,
con tal de que la frente divina
se una a mí para el cambio y el juego:

cuando mi fuego te rodea,
tu grano rígido parece estremecerse
y en ti, como forma soñada,
se refleja mi ardiente vida.

A una palmera

Bendita seas tú, palmera esbelta como columna,
incólume, sin vecinos ni rastro de servidumbre;
no inclinas la cabeza como la mies en sazón,
solo sostienes la ligera bóveda del placer.

Sombra no despliegas sobre el cansado caminante
y a ningún animal ofreces cómodo descanso,
no das refugio a las aves que se aman,
te coronas a ti misma con severa diadema.

¡Bendito sea tu real encumbramiento,
tu ardor solidificado en melancólica reclusión!
Contra ti romperán los latidos de mi corazón
como la pasión de un mar lejano.

Fastrada

Una gran magia tenía en el anillo,
nadie después de ella vio al emperador,
tan fuerte como el lazo para espíritus no eran
ni la maldición ni la bendición, ni el incienso ni el breviario.

Como ella estaba muerta, dejó el bosque y la landa,
su cripta fue para él pueblo e imperio.
En secreto hundieron los sacerdotes las joyas
lejos, muy lejos, en un estanque ciego.

Donde nunca fue de día, relampagueó el rubí,
súbitamente, a través de mareas sin olas;
así refleja la oscuridad del vino tinto
el brillo oculto de una copa dorada.

Entonces el emperador abandonó su reino,
viajó por bosques, barrancos, tormentas y rocas
hasta que encontró sosiego en aquel estanque...
Así estarás tú unido a mí.

Ahora canta el gallo al fantasma de la noche en la nada:
fundido en el aire de la mañana que, espumoso, mana,
sabiduría amamantada con sangre,
y aún sombra, rostro sin luz.

¡Una vez más, vida, cántame tu coro,
ráptame al paso conquistador del día
hacia una fabulosa cabalgada,
la música del amor perla en mis oídos!

La canción de la esperanza, el toque de clarín de la dicha,
el grito del fin... Oh, vida, tú destruyes
y, con todo, das lo que prometes:
no plenitud, solo vida, el destino de la vida.

El amor y la muerte

Mira, en medio del bosque pardo y violeta
aparece como un árbol silencioso al atardecer
y, callado, se une a mis pasos
rozando delicadamente mi veloz dobladillo.

El reconocimiento me desborda ardiente:
¡tú, el vencedor de las fuerzas del día,
portador de noches blancas y desasosegadas,
demonio que sabe de mi alma!

¡Eres tú, copero, quien mezcló mi copa,
en la que bebí el delirio de la más profunda dicha,
que como rocío círculo de estrellas se hundió en mí
y emborronó las letras de mi pecho!

Veo los anillos de vino negro
cuando levantas hacia mí la titubeante copa.
Leteo, ¿a dónde me llevarás?
Lleno de amor estás, pues tiemblas...

Mira, soy tu copero,
te sirvo durante la comida
que ninguna palabra anima.
Pensando en una bella mujer
me coges la copa,
y no ves que tiembla.

Mira, soy tu canción,
noches pesadas y cansadas,
cuando tu mirada es tormentosa.
Suena mi voz
y tú sueñas, apaciguado,
y no oyes que tiembla.

¡Oh, extranjero, permíteme conocer el secreto!
Hablas la lengua de mi patria,
¿quién te ha enseñado una música de costas tan extrañas?
Mi corazón descansa sobre blandas almohadas infantiles
y escucha en oscuros sueños...
¡Oh, extranjero, permíteme conocer el secreto!
¿Me traes noticias de casa,
de las hermosas costas de las que tan pronto me arrebataron?
Hablas la lengua de mi alma.
Empiezo una canción que allí cantaba
y tú sonríes y sabes la rima,
como si intercambiásemos recuerdos.
¡Viene impulsado por velas que se hinchan
con el soplo de la felicidad!
¿Qué he aún de anhelar y añorar?
Si puedo oírte,
te tengo por completo y tú también a mí...
¡Oh, extranjero, permíteme conocer el secreto!

A la sombra de un águila fui solo
y animoso.
Ligera, movida por sí misma, suficiente para sí misma,
un pensamiento divino, se movió en silencio,
ella y yo por completo uno,
como si su aliento me animase
y su pecho agitase el mío.
Entonces, de repente, rompió su vuelo constante,
elevándose lentamente, y se difuminó en la luz.
¡Oh, soledad!

¡Ay, corazón que fuiste a las montañas azules!
¡Cómo tomabas el sol con el lagarto
y ardías, feliz, en el anillo de tulipanes de fuego
de la primavera!
El río te abrazó con las cañas del sauce
¡y volaste más alto que las nubes
para que el metal del cazador no te alcanzara!
Ahora te cubre hojarasca en descomposición
y duros pies te pisan hasta reducirte a cenizas...
¡Ay, corazón que fuiste a las montañas azules!

Era un lago sobre cuyo espejo se arqueaban
las estrellas desnudas como jóvenes hermanas
y plateado vagaba por sus olas
el reflejo de las níveas plumas del cisne.

Se inclinaban y buscaban el sauce y el aliso
su delicada imagen en su bruñido cristal,
en su concha flotaba la perla de la luna,
el fondo fulguraba, amarillo dorado, como el topacio.

¡Ah, este bendito ojo se ha quedado ciego!
Un radiante día ahuyentó sus luces.
Sufrió al huésped, obediente como un niño,
y se cerró, tembloroso, horrorizado, sobre el destructor.

Un día escuché canciones, coros, ruiseñores,
ahora nada salvo las cuerdas de tu voz.
Un día soñé en las mareas del mar,
ahora silba el viento alrededor de la hostigada quilla.

Un día volaron sobre mí el cielo y las estrellas
por mis caminos hacia mis metas...
Ahora tú eres altura y profundidad, proximidad y lejanía,
y nada salvo tú me cubre y me toma.

No estoy encadenada a ningún lugar,
a ninguna ola, a ningún haz de luz,
en el universo de tu mano estoy echada...
Si me suelta, caigo, una nada, en la nada.

Se dice que la música se desprende de los anillos
que libres se mueven alrededor del centro eterno.
Así puede tu espíritu mecerse por la noche con las esferas
para que tu movimiento fluya en acordes.

Como plata que gotea de los miembros de una ondina,
perlan melodías de tus palabras mágicas,
caminan severas como broncíneas cohortes,
se deslizan suaves como respuestas divinas.

Dejas atrás a necios y malvados
como Orfeo gobernaba mediante la magia del canto.
La naturaleza deposita ante ti su ferocidad
para redimirse en la eufonía de tu existencia.

Mira, corazón, las alas derretidas de esta mariposa,
el oleaje plateado de los viejos álamos: mira;
en lo alto gotea la amorosa luz como rocío
del cuello de las palomas.

La crepitante hoja del lirio, el techo que a lo lejos
sostiene la santa costa del horizonte,
¡qué hermosura! ¿Y tú giraste tan solo alrededor de un único
rostro inaccesible?

El porfiado contradice así:
¿No abarca el mundo a los lirios, a las mariposas y a mí?
¡Así, el mundo flota en el círculo que todo lo abarca
de los ojos más amados!

Hermoso amigo, para poder saludarte propiamente
dime tu nombre y el de tu patria.
Te rodea un aroma pleno de dulzura de mediodía,
fresca la mano roza tu mano.

¿Vienes de islas en mares de coral?
¿O de la estrella que brilla solitaria y azul?
¿Te mantienes alejado del desasosegado ejército de espíritus
que de la luz de la luna hace un puente?

Apenas hollaste el umbral de mi corazón,
repicaron todas sus campanas al unísono;
si eres un santo, toma tu celda de oración;
si eres un rey, tu reino.

Si estás enfermo, te cura mi sangre,
pues derrite lo que separa alma y alma.
Dos en uno fundió el despótico ardor...
Este es el sacramento del amor fiel.

Tu amarga espina se convierte en corona para mí;
llegar a ser tu dolor hecho mío, un sueño.
Sumérgete en el manantial de mi dicha,
refleja el claro contorno de mi costa.

¡Quiero vivir y también morir por ti!
Florece, susurra sobre los senderos cubiertos de maleza.
Quiero ser tuya como tu aliento constante:
inadvertida, salvo cuando desaparece.

Un día yo, arpa muda, te oí sonar
y me asusté y tuve que llorar durante mucho tiempo.
¿Quién hizo vibrar las cuerdas congeladas?
¿Qué fuego fue el que derritió la corteza diamantina?

¿Te tocó el dedo etéreo de la luna?
¿Surgió de la noche un espíritu y atrajo amoroso
sonidos liberadores de la noble jaula,
ejecutando la habitual magia de la antigua armonía?

Ahora, desde hace tiempo, estás paralizado en el sueño y el
                                                    [silencio.
¡Si para conjurar tu voz
pudieses sentirme con fuerza y devoción y tuya!
Tienes que oír la canción que Dios me ha dado.

Dime solo esto: ¿te han enviado
dioses que conocen mi tropiezo?
¿He de llamarte pariente celestial,
guía, demonio, dios?

¿O estás disfrazado,
seductoramente reflejado ante mí,
cumplimiento de mi propio ser
que al pie ocioso da alas?

¿En ti, nublado como yo por el polvo,
pueden mis ojos sembrar luz
para contemplar y adorar
la belleza en la que creo?

¡Oh, noble cabeza, mancillada por la esclavitud,
oh, enjuto pie cargado de cadenas, orgullosa mano
en el yugo! ¿No has derrochado como los reyes?
¿No has extendido el amor de los dioses por el mundo?

Tu altivo paso pesa con un tintineo sombrío;
ruborizado, te arrodillas ante el amo más débil;
servil, debes vagar por laberintos,
¡tú, nacida libre, ciega estrella de la pleamar!

¡Si por lo menos esta carne y su vergüenza fuese,
vengadora, atizada, fuego para derretir!
Cuando el humo y las cenizas ahogados descienden,
la noche cristalina envuelve lo puro.

Escolta

Ya sea que la tierra tiemble y ruja,
el aire humee y el hierro suene,
invulnerables, velados por la luz
viajarán los hijos de Dios.

En lo profundo del hundimiento,
el asesinato y la rabia de malvados animales,
suena un luminoso canto de alabanza:
Dios guardará a sus elegidos.

Aunque el oscuro mar se hinche en lo alto
y el diluvio lo cubra todo,
ni la sangre ni la tierra podrán jamás
manchar la mano solícita.

Porque el mundo pasa ante ti
como las bromas de los pícaros en abril;
estés aquí o allá,
vives junto al corazón de Dios.

Huésped mío de finos ojos de querubín,
con el corazón herido de nostalgia,
llena de bromas y juegos, a pesar del tormento interior,
tu boca infantil.

Mano solícita, palabra amorosa,
¡la voz de una campana!
Tan lejos de mí y sigues brillando
toda mi vida.

Durante mucho tiempo sobre el suelo polvoriento caminé con
[mis zapatos,
partí el pan y me senté junto al hogar llameante.

Durante mucho tiempo más me habría sentado removiendo
[las cenizas
si no hubiese oído cantar a las sirenas.

Porque tañeron con fuerza las cuerdas de cristal de sus arpas
y me sacaron de mi casa al ancho mar.

¡Adiós, querido techo, puerta que suena!
Las olas y el viento acallan las sagradas palabras.

Con gusto descansaría junto al fuego de la casa
y escucharía en silencio cuentos y aventuras:

cómo los amigos, temerosos, albergan al errante,
cómo ninguna maldición lo avisa y no lo ata ninguna bendición,

cómo, finalmente, los vórtices lo engullen...
Si no hubiese oído cantar a las sirenas.

¡Oh, canto de los pájaros antes del día,
con qué dulzura traspasas el amanecer!
Incitas a confiar en el viaje,
en el latido del despertar del corazón.

¡Oh, son del arpa a bordo
y tirante muta de velas!
Voraz grita alrededor del día
el acorde trompetero de las gaviotas.

Mi corazón ruge a coro...
Vosotras, celestiales, tormentas y olas,
¡engullidlo, destrozadlo,
antes de que se pierda en el polvo!

El sueño

Por la noche llamo a la puerta del sueño.
Silenciosa, se abre; hacia mí corren
los sirvientes como sombras chinescas de hojas,
híbrido de nubes y música.
A tientas los sigo a su gruta de gotas
y bebo la bienvenida
que él me brinda: un profundo trago
de ambrosíaco olvido de sus frías manos.
Despierta, temprano, encuentro, en lugar de la polvorienta,
ropa nueva que brilla como los lirios.
Así despide al caminante exhausto,
como a su hijo la madre de su seno,
joven de nuevo, el más hospitalario de los dioses.

Serenata

Encordadas están las estrellas y suenan
como violines de amor.
Escucha cómo dulcemente se desposa el noble cantar
con el oscuro silencio.
«¡No a las estrellas, el cortejo del amante oyes tú,
novia elegida!
Ven conmigo antes de que mueran los dioses de la noche
en el amanecer».
Mientras te sigo, voz de sirena,
me gustaría defenderme de ti.
¿He de abrasarme, esperar, desear de nuevo
y, sin embargo, renunciar?
«Te llevaré lejos
de la lucha y la esperanza y la primavera cargada de lágrimas.
Bebe lo que te ofrecen mis labios:
¡olvido!».
Voz todopoderosa que mi orgullosa vida
tan rápidamente devoraste,
perdona a los que tiemblan ante la extinción:
¡recuerdos!
«Entrégate por completo, despréndete de bastón y manto,
yo te soy fiel.
Empobrécete en mí, de mi abundancia
te llenaré de nuevo...».

Oración

¡Haz, Señor de la vida, que tus mensajeros
brillen sobre mí!
Lloro y rezo;
¡inmortal, rejuvenéceme!
Con tus manos de creador moldea
la arcilla que se rompe.
No eres un Dios de los muertos;
¡llama eterna, imprégname de luz!
Nada de lo que yo elegí,
no mi voluntad: ¡tu aliento, tú, tú!
Mi corazón se hunde... ¡con las alas alzadas hacia ti!

Muerte en el fuego

Porque tú quisiste, ¡oh, Señor!, que yo brillara,
atravesó tu relámpago mi tronco,
ardieron las profundidades escondidas de ti,
la cresta desvelada de la montaña.

Si tú quieres que las naves se salven,
enciendes la estrella que guía.
Sea como signo, sea solo para gloria tuya,
obediente me consumo feliz.

Ante ti caen en la tormenta las hojas,
se derrama la sangre más viva;
toma la corona y la ropa que me adornaban
en eternas brasas transformadas.

Vendrá la luna como de un mar fabuloso
una vela de color amarillo azafrán, enredada
en algas ribereñas; las estrellas regresarán

y, como en la red el pez bruñido,
árbol mío, brillarán entre tus ramas.
Así como hoy silbando se mueve a tu alrededor,

baila el murciélago para ti la danza de los espíritus.
También los solitarios de corazón oprimido
descansan junto a ti absortos en tu silencio;

solo tu amiga ya no vendrá pronto.

Escucha, copa esbelta y sonora, tan llena
a través de la noche plateada; ¿qué te hace temblar?
¿La tempestad o el mar, que se hincha atronador?
¿Rojas tormentas de batallas lejanas?

De nuevo, de nuevo suenas como metal incandescente,
como la campana batida por el fuego.
¿Te alcanzó un sonido afín, un corazón sensible?
¿Un coro de estrellas? ¿Lenguas de espíritus?

Cuando ahora la piel se resquebraje y te suelte,
flota, espíritu mío, arrebatado en chispas libres;
¡fluye, sangre, a la fiesta del amor de la muerte!
La noche que te bebió respira más profundamente.

Con impacientes alas, mariposa,
intentas escapar de la lámpara lechosa;
sin prestar atención a la sensible piel satinada,
te arrojas contra la pared de cristal de tu celda.

A través de la ventana respira, azul violeta,
la noche terrenal con estrellas que cantan en dúos.
Desde lo alto gotea el éter y humo balsámico
desde las minúsculas tumbas flota hacia el seno del cielo.

Oh, bella prisionera, a ti liberarte quiere mi mano;
y a mí, a mí, ¿quién romperá la jaula de mi alma?
Pero tiemblo con ella cuando, tan llena, tan limitada,
furiosa se precipita contra la pared estremecida.

Antigua montaña, desde hace años
fundida en plata en perfecto esplendor
descansas; lejos he viajado,
herido vengo de una batalla perdida,
en tu seno pronto seré polvo con mis bienes,
¡un sueño, una nada y, sin embargo, lleno de eternidad!
Un día romperé tus laderas pétreas
y resplandeceré, glorioso, desde la tumba estallada.

Fantasía nocturna

Noches salvajes siguen a días apáticos,
entonces escucho a lo lejos la carrera del corcel de la tormenta.

Impetuoso, en los escalones de mi casa
piafa, relámpagos saltan de sus cascos,

me atraen hacia altos caminos del espíritu,
cada vez más fuerte late mi corazón hacia ellos.

Pronto, lo presiento, se romperá la cadena,
me llevarán, poderosas, alas húmedas de mar.

Rodeado del murmullo de estrellas como antes de las hojas
[del otoño,
cabalgo, jubiloso, con los antiguos dioses.

Me hice uno con la furia de mi caballo,
soy una marcha triunfal alentada por la tormenta.

Abajo oyen atronar mi canción:
¡libertad! ¡Libertad! ¡Libertad!, y tiemblan.

Una vez más surgido de la nada,
de nuevo tras las llamas,
te veo tendido en la mañana,
hermoso mundo, fiel a los leales.
¡Ven, esta es mi esperanza,
dame mi parte de placer y dolor;
confiado está mi pecho abierto
a tu relámpago y tu flecha mortal!

Serenata

¡Arriba, laúdes, violines y chirimías,
entrad furtivamente en la jaula de la melancolía
para liberar al más amado prisionero!

Encadenado a la roca, se parece a la piedra.
Disolved el hechizo con dulces flautas,
cubrid su corazón como un soto de ruiseñores.

¿El gusano de la tristeza habrá de matar al noble joven?
¡Instilad en sus oídos la chispa del veloz amor,
haced que las frágiles mejillas se sonrojen en la mañana!

Conjurad una tierna y fugaz imagen
que en él despierte la fuerza de un generoso anhelo;
después cantad más alto, hasta descerrajar la odiada puerta:

ahora sigue la vida su camino hacia el cielo.

El año de la guerra

Este es el gran otoño, la fiesta de la libertad.
El cielo arde en llamas, se desencadenan tormentas,
negro gotea el vino prensado del fruto pesado,
las gavillas crecen altas como torres doradas.

El enjambre de hojas susurra una última canción,
el tambor resuena sordamente con marchas y cortejos tórridos.
Entonces se levantan las huestes de la humanidad y salen,
la corona en el pelo, a la muerte sacrificial.

Su mirada despejada ve al Dios que con amoroso
rostro severo los saluda imponentemente.
Enardecidos, avanzan hacia la lucha y la muerte,
allí, donde mana la vida, para beber hasta rejuvenecerse.

A un héroe

De ti, que luchaste y venciste,
se suelta ahora el bronce de tu pecho;
la luz de las estrellas, de la que has desaparecido,
rodea, fría, tu corazón inmóvil.

¡El grano pesado, la vid ebria,
acabado, tú, en una batalla sin aliento!
En nubes fragantes flota, ¡oh, héroe!,
a tu alrededor, durmiente, la catedral de la noche.

No te trajo ningún repique hogareño
en alas de paloma el fin de la jornada;
en lugar de victoria, triunfo y botín,
te dieron una oscura corona y profunda, profundísima paz.

Tú, que luchaste hasta el final
y a quien despertarán las trompetas,
ceñido con la espada vuelve
el nuevo rostro, orgulloso, hacia la aurora.

Exequias

I

Sonriendo y orgulloso, como los jóvenes herederos reales
ascienden por los peldaños de terciopelo hacia el trono,
sale nuestro hermano a la lucha y la muerte.

La quebrada se enrisca, la última vida del sol
se apaga entre la tosca roca, oscurece y hace frío;
a lo lejos resuena el sordo trepidar de pasos ligeros.

Después, ciñendo a la temblorosa figura,
como las duras garras del tigre alrededor de la gacela,
se desploman los muros de basalto.

En el angosto lecho unidos se hinchan
huracán y mar; él lucha, jadea y se hunde,
se levanta de un salto y ve, horrorizado, que la noche se ilumina.

¡Mirad cómo la tierna carne brilla en el fuego,
se retuerce, gotea como rosas marchitas;
mirad cómo la casta boca bebe las llamas

como si fuesen las caricias primaverales del amor!
Ahora se arrodilla sin fuerzas, en silencio, desarmado;
a través las brasas ardientes y el rugido del infierno aún brilla

el ojo ciego como una espada.

Exequias

II

Bebe, pues, de manos de dioses
la profundamente misteriosa ebriedad,
toma a cambio de la dilapidación de ti mismo
la consumación del intercambio amoroso.

Disolviéndose del pecho desgarrado
se hunde el monstruoso sueño;
despertando suavemente, meditando en silencio
sigue tu mirada la linde ensangrentada.

Extraño y enemigo se convirtió lo que antes fue querido,
incluso la dulce noche te traicionó:
abriendo la boca arrojó fuego el cielo,
en la tierra estalló la batalla...

Bienvenido, vencedor,
bendita armonía del coro más puro,
sumérgete, cae más rápido,
¡abre la puerta azur!

Exequias

III

Queremos coronar tu frente con roble,
volvemos a traerme aliento y aroma
de la joven primavera.
¡Oh, héroe, la tierra, tu hogar, te llama!

Queremos acunarte en coloridas praderas,
donde con niños tú jugaste como un niño
de luchas y victorias
que ahora son recuerdos de tus hazañas.

Queremos ondear a tu alrededor banderas de seda,
queremos cantar
tu lucha y tu gloria,
que sea tu pobre casa nuestro santuario.

¡Regresa de la lejanía inmutable!
¡Que del ojo ebrio no se apague
en el baño de las estrellas
de la tierra la dulce luz de siete colores!

Exequias

IV

Como en la tormenta y en el mar salvaje
el santo norte intocable,
resplandece tu resucitada imagen
inalcanzable, imperdible.

Vertido en formas eternas,
separado de lo corruptible,
traes a los camaradas errantes
la paz de la belleza celeste.

Querida cabeza, flotas en lo alto
fugaz memoria terrenal;
entretejido de estrellas como dioses,
sea el legado para nosotros tu nombre.

Oración en la más extrema necesidad

Señor Dios, solo, soy demasiado débil,
ayúdame en esta lucha,
sé tú mi guía en este infortunio
de pasos vacilantes.
Tus manos están llenas de bien,
llenas de vanas fuerzas y de vida.
Mi corazón se apaga; dale nuevo coraje
para volar lejos del infierno.

Señor Dios, el turbio torrente sube
hasta mi garganta para ahogarme;
permite que el sonido primaveral de tu voz
oiga y me vivifique.
Haz que las aguas no me engullan,
que bajo tu protección
rebase las olas fortalecida con alas
como una golondrina.

Aquí no sonríe ningún rostro amigo,
las oraciones de los mortales
se extinguirían como una luz humeante
si tu aliento no soplase aquí.
Señor Dios, mis necios deseos y delirios
no saben qué es bueno y qué es malo;
lo que hagas conmigo,
victoria o muerte, lo acepto:
mana de la fuente de la gracia.

Mujeres

I

Oh, mujeres, caiga como caiga la suerte de la tierra,
la vuestra nunca cambia: sufrimiento, lucha y penurias.
Florezca la paz o resuene el cuerno de la batalla,
un eterno incendio arde de vuestro sacrificio.

La suave y delicada mano que une penas ajenas,
la hermosa mano que se digna a las humildes tareas
oculta vergonzosamente sus propias heridas amargas;
cuando el dolor os paralice, ninguno de los felices os sostendrá.

Este noble pensamiento respira como una flor,
la frente despejada no la engalana ninguna corona,
el heroísmo de vuestros valerosos corazones
no lo canta ninguna crónica, no lo tiene a gala ninguna orden.

Con donaire lleváis la casa, vosotras, erguidas y cenceñas,
como si el techo de mármol fuese una diadema;
¿quién que os viese sonreír pensaría en daros las gracias?
Nadie se preocupa de los que se marchan en silencio.

Al más tierno pecho no lo protege el hierro de ningún caballero;
lucháis como esclavas, sin amparo, sin nombre,
y cuando los pueblos elogian a sus héroes, vosotras,
olvidadas vencedoras, descendéis al oscuro seno.

Mujeres

II

El amor se arrojó desde el cielo
para desangrarse en el polvo,
el amor alimenta a lo que muere de hambre y languidece
con las fuertes mareas del corazón.

Da a quienes no tienen
insignias y coronas de laurel,
no a nosotros, que venimos
de soleados reinos perennes.

Los fabulosos tesoros de la India
no igualan lo que prodigamos,
el exceso del regalo dado
brota de nuevo en nuestras manos.

Como en el mar desembocan los ríos
siempre llenos y en cascadas
infinitos mundos se derraman,
fluyen los dones de nuestro amor.

¿Podrían el agradecimiento y la recompensa
hacer tan feliz como el placer de este dar?
Luchando, sufriendo, muriendo sin gloria
cantamos el salmo de la vida.

Mujeres

III

¡Oh, hermanas mías, que morís aplastadas,
como flores, por los duros pies de la multitud!
Corren, corazones fríos, a cortejar
y os arrojan a vosotras, dulces, el polvo del camino.

¡Oh, hermanas, dura es nuestra suerte! Dimos
pacientemente como el campo sus gavillas;
a nosotras, cuando estamos cansadas, nadie nos anima,
ningún amante nos vivifica cuando pasamos miserias.

Oh, hermanas, no lamento nuestra suerte.
La vida gotea de nuestras manos ligeras
como las estrellas salen del cuerno del cielo,

y cuando los juiciosos cosechaban frutas y cereales,
nosotras nos arrojábamos, ebrias de derroche
y amor, al desollado seno de la tierra.

Cuento indio

Tschandra, la muchacha, tenía el pelo hechizado.
Cuando le robaron a su amado,
dijo: «Yo soy más que un ejército,
más que un baluarte con cañones de fuego;
con un cabello de mi cabeza
puedo incendiar pueblos y ciudades.
No perdonaría ni la choza de la inocencia,
no me detendría ante palacios y tronos
ni lágrimas y tormentos.
Muchos miles deberían pagar por uno,
por el único al que quiero por encima de todo.
¡Yo soy Tschandra, vivo fuego!».
Cuando mataron a su amado,
se balanceó como un álamo en la tormenta
y su pelo, rojo oscuro,
llameó a lo lejos como la antorcha de la torre.
Chispas goteaban entre las vigas y las tejas,
fundían en los muros sellos rojos como la sangre,
caían como lluvia a través del esqueleto de piedra,
ardían, cortejo triunfal, por las calles.
¡Ah, ojalá pudiese salvarnos el agua!
Pero el raudal estalla en fuego,
avanza frenético, reconciliados en la ira,
leones hambrientos, los elementos,
dejando atrás desierto y vacío.
¡Pueblo mío, mi pueblo! ¿No te amo yo más
que a uno solo, por mucho que lo quiera?
¡Ojalá fuese yo Tschandra, el fuego vengador!

A la muerte del comandante v. Jahrei

Los demás se agacharon; solo a ti te empujó
tu corazón de caballero contra el asesinato
para proteger al rebaño. Ay, el golpe mortal
recibiste, corazón, con golpes tan valerosos.

¿Entonces permanece lo insignificante y lo noble ha de ir a la
[tumba?
No, con el último y divino gesto
deshaces los pliegues que te ocultaban,
vives eternamente, una imagen transfigurada de la tierra.

Fuiste un hombre y trajiste con valor el fruto
del acto hermoso desde el amenazador borde del infierno.
El abismo se agita, la sima se eleva:
te vemos brillar en lo alto de la tierra de los héroes.

Napoleón

Aves salvajes solo en las cañadas
que ningún ojo humano había visto,
cuando por primera vez visitaron
veleros Santa Helena:
libremente entrelazadas para la fiesta de los dioses
reinaban la roca y la tormenta y la marea
resonando en secretas lenguas
y en la montaña el eterno resplandor.

Pero ¡escuchad!, con ancestrales danzas
se mezcla, dulce, un nuevo sonido;
susurran alas de águila, callan...
Ahí está, Napoleón.
Largamente esperado, llega
a su santuario desde lejos
y los elementos sirven
a su emperador, a su amo.

Asomado al mar desde el volcán,
fraternalmente rodeado de estrellas,
escucha cómo el coro de las olas
canta su gloria y su nombre.
Si los esbirros pudiesen apoderarse de él,
¿no volaría libre como la tormenta?
Los marineros que pasan por allí
proclaman su grito de muerte.

No, ni el bronce ni las flechas alcanzan
el corazón del héroe, refugio de los pueblos.

Mudo desde hace tiempo el ladrido de la jauría,
en lo profundo de las cavernas sigue ardiendo el fuego.
Cuando los valientes sucumben,
el triunfo de los malos está cerca,
¡álzate, fulgurante de victorias,
águila de Santa Helena!

Wilson

No te ha de destruir el noble fuego,
tú perteneces al frío infierno.

Quien ágilmente, de raza simiesca,
se atrevió a hacerse pasar por Dios,

quien con la inmortalidad, como con una baratija,
intentó, charlatán, trapichear,

quien para sí hojas de laurel manchadas de sangre
astutamente se agenció como carnavalero liberador de pueblos:

serás olvidado, pero no desaparecerás,
temblarás entre la vida y la muerte.

Agitándote en la masa de niebla hecha jirones
luchas por cobrar una forma y te conviertes en mueca.

Apenas formado, volverás a descomponerte,
a polvo te reducirá y te dispersará una escoba eterna

y de asco incluso del juicio
te expulsa la musa de la Historia.

La Resurrección de Grünewald

¿Es aún el cuerpo noble lo que tocamos,
el que amorosamente se inclinaba sobre su débil pueblo?
Ya se derrite lo que era mortal;
aquel al que nuestros corazones aún sienten,
desatado, claro como el fuego
resplandece, en lo alto, en la patria de las nubes.

¡Este es el poder del trono de su padre,
que desgarrada vio la piedra que lo apresaba!
¡Arrodillaos y rezad!
Dios se convirtió en el hijo de los dioses;
el universo rueda hacia nosotros
para recibir a quien lo creó: el amor.

¡Agua risueña, mi manantial que gotea,
escolta a través de desiertos y laberintos,
dulce, gárrula, sonora compañera!

Oscurece por doquier la extensión sin estrellas,
mis ojos se bañan en la luz,
tu rutilante rostro a mi vera.

Si en mi pie se clavan espinas,
me curas con resplandeciente frescura,
mi corona, que dorada se teje a mi alrededor.

No me atrae la multitud festiva;
prefiero, descalza, vagar por el mundo
siempre y cuando acompañes mi viaje,

¡agua risueña, mi valiente compañera!

Aquiles

Aún mantenía una túnica infantilmente doblada
cautivo su corazón de caballero,
en el corro saltaba de la mano de su hermana.
Entonces su mirada cayó, guiada, sobre casco y espada
y el asta de una lanza.
La corona de los juegos fue vista consumida por el rayo
del reluciente metal
y sus sentidos se quedaron atónitos
—ya no volvió a pensar en el aro ni en la pelota—,
anonadados. Oye el fragor
de la batalla fructífera, relinchos, gritos, gemidos,
y el glorioso murmullo de un soto de laureles
alrededor de monumentos heroicos.
Después, silencio; solo un goteo sordo,
como los golpes de cascos impacientes,
como el último vino de una copa volcada. —
Vestido de niña,
en el gineceo,
se sintió hombre y dios y lleno de inmortalidad.

Paisaje heroico

Desde una urna invisible crece
el río sin fin en la llanura, reino azul.
Ningún arbusto lo oculta,
ningún puente lo ciñe,
fuerte fluye, imparable, suavemente y silencioso;
quizá en el pasado los caballos lo atravesaron nadando,
resollando, azuzados por la desesperación;
las hojas de los fresnos que allí se alzan
con salvaje sonido otoñal
como de trompetas
soplan hacia lo alto.
Ahora veo dioses ígneos que entran en él,
tres: Mediodía, Muerte y Gloria,
con el destino en mente,
rodeados por el susurro de una amplia bandera roja.
¿Hacia dónde? ¿Hacia dónde?
¿Al humo y el santuario de pueblos lejanos?
¿A la tumba de un héroe?
El alma escucha...
Ha pasado; en el aire, todavía un tintineo de armas.

Este libro se publicó
en el mes de enero
del año 2025